Responsable éditoriale : Agnès Besson
Direction artistique : Bernard Girodroux, Anne-Catherine Souletie
Maquette : Ségolène Even

Conforme à la loi n° 49.956 du 16 juillet 1949
sur les publications destinées à la jeunesse.
© Éditions Nathan (Paris-France), 1998
© Éditions Nathan/ VUEF, 2002 pour cette impression
ISBN : 2-09-210668-6 pour la partie livre-10097288
ISBN : 2-09-211061-6 pour le pack livre + CD-10089117
Dépôt légal : octobre 2002
Impression et reliure : Pollina - n° L87413

CONTES, COMPTINES, CHANSONS DE NOËL

Textes de Françoise Bobe, Claude Clément,
Sara Cone Bryant, Mymi Doinet, Magdalena.

Illustrations de Isabelle Chatellard, Émilie Chollat,
Clémentine Collinet, Christel Desmoinaux, Natali Fortier,
Céline Guyot, Olivier Latyck, Martin Matje,
Christophe Merlin, Andrée Prigent, Delphine Renon,
Rémi Saillard, Fabrice Turrier.

Portées musicales de Sophie Vazeille
et Nathalie Boisdet.

NATHAN

Noël à petits pas

Noël arrive à petits pas...

Ce matin-là, maman pose sur la table en bois une boîte de chocolats. Elle me dit de ne pas y toucher avant que le réveillon ne soit terminé.

Quand je lui demande :

– Pourquoi ?

Elle répond, en riant un peu, quelque chose de mystérieux...

Elle dit que, pendant la fête, viendra Dame l'Endormette.

Elle fermera mes yeux sous ses doigts...
Je m'endormirai en serrant dans mes bras Bigoudi,
mon petit chat.

Pendant ce temps-là, le Père Noël sortira de
la boîte de chocolats.

Mais je ne la crois pas !

Mon grand frère dit que le Père Noël vient toujours du ciel. Il est dodu, mais léger !

Un cerf-volant peut le transporter...

C'est pour cela qu'il peut sauter sur notre toit et se faufiler, sans se faire remarquer, par la cheminée.

C'est bien astucieux, mais voilà...

Je ne le crois pas.

– Moi, je sais, me dit Grand-Père, que le Père Noël flotte en l'air sur un nuage de fumée comme celui qui vient de s'envoler du tas de feuilles que j'ai brûlé, là, tout au fond du jardin.

Je trouve cela très malin mais je ne le crois pas non plus. Bien entendu !

Grand-mère m'a chuchoté, en mettant le linge
à sécher, que le Père Noël est somnambule et qu'il
dort dans une bulle. Elle éclate la nuit de Noël en
plein milieu du ciel.

Les cadeaux tombent de haut, en direction de
nos chaussons...

Ils sentent encore le savon !

Mais moi, je dis : « Non, non, non ! Ça ne doit
pas se passer comme ça ! Et je ne te crois pas. »

Papa dit qu'il a vu, un jour, le Père Noël faire un tour sur sa tondeuse à gazon. Il est entré dans la maison par la porte de l'atelier. Quelle drôle d'idée !

Papa raconte parfois des histoires... Il ne faut pas toujours le croire !

Ma sœur dit que le Père Noël, un jour, est venu vers elle alors qu'elle jouait du violon.

Il a enlevé ses bottes pour pénétrer dans la maison en chaussettes, avec sa hotte, sur le long tapis de notes qui s'échappait de l'instrument, tout doucement...

Voilà une idée curieuse ! Mais ma sœur est plutôt menteuse.

Le soir de Noël, il neige sur le jardin... Et je songe que ce Père Noël si malin, si agile et si futé, peut aussi se déplacer sur un flocon argenté.

Avec appétit, nous dînons... La table est tout illuminée. Il y a de la dinde au citron, des figues sèches, des marrons glacés, et une bûche en chocolat bien plus grosse que mon chat !

Ensuite, nous chantons groupés en cercle devant la cheminée. Le feu danse, il fait très bon... Ma sœur joue sur son violon...

Il est temps d'aller me coucher...

Dame l'Endormette est venue. Mais je ne l'ai pas reconnue. Elle a posé ses doigts sur mes paupières avant que je ne la repère dans l'ombre bleutée des rideaux.

Et je m'endors aussitôt.

Cette nuit-là, je vois en rêve le Père Noël sur une grève.

Il grimpe sur un cerf-volant poussé par le vent.
Pas très loin de notre jardin, il poursuit son chemin
sur un nuage de fumée.

Puis il se laisse enfermer dans une bulle de
savon, au-dessus de notre maison. La bulle éclate...
Le Père Noël tombe sur notre tondeuse à gazon.
Il fait zigzags et tourbillons avant d'entrer dans la
maison par la porte de l'atelier !

Là, il entend chanter le violon de ma sœur et se laisse flotter sur ses notes, sans avoir peur. Par la fenêtre, entre un flocon de neige perdu... Le Père Noël monte dessus !

Quand le flocon fond sous ses pieds, le Père Noël descend, léger, sur la boîte de chocolats...

Au matin, devant la cheminée, je découvre ce que le Père Noël m'a apporté...

Au milieu des paquets, j'aperçois, sur la petite table en bois, la boîte de chocolats. Elle est ouverte à moitié... Des truffes ont été grignotées... Et, parmi les papiers froissés, les brins de houx éparpillés, se tient tout fier et tout droit un Père Noël en chocolat !

Tout le monde avait raison dans cette maison ! Mais, peut-être qu'à Noël prochain, le Père Noël viendra en patins, en ballon, en voilier ou en train !

Claude Clément

Douce nuit, sainte nuit

Dou - ce nuit, sainte nuit, Tout s'endort,
l'as-tre luit, Veille seul le couple sa - cré.
Doux enfant aux fins che-veux, Clos tes yeux et
re - pose Sous son re-gard vigi - lant.

Douce nuit, sainte nuit,

Dans les champs, les bergers

Par les anges avertis

Font partout retentir leurs voix,

Le sauveur vient de naître,

Le sauveur est là.

Douce nuit, sainte nuit.

Mon Jésus bien aimé

Quel sourire dans tes yeux

Tandis que pour l'homme,

Sonne l'heure sainte,

L'heure du salut.

Entre le bœuf et l'âne gris

En-tre le bœuf et l'â - ne gris, Dort,

dort, dort le pe - tit fils ; Mille an - ges di - vins,

Mil - le sé - ra - phins Volent alentour de ce grand Dieu d'a-

mour.

Entre le bœuf et l'âne gris,
Dort, dort, dort le petit fils ;
Mille anges divins,
Mille séraphins,
Volent alentour de ce grand Dieu d'amour.

Dors, dors, dors, Roi des anges dors.

Entre les roses et les lys,

Dort, dort, dort le petit fils ;

Mille anges divins,

Mille séraphins,

Volent alentour de ce grand Dieu d'amour.

Dors, dors, dors, Roi des anges dors.

Entre les pastoureaux jolis,

Dort, dort, dort le petit fils ;

Mille anges divins,

Mille séraphins,

Volent alentour de ce grand Dieu d'amour.

Dors, dors, dors, Roi des anges dors.

Il est né le divin enfant

Refrain

Il est né le di - vin en fant, Jou - ez hautbois, réson-
nez mu - se - ttes. Il est né le di - vin en fant,
Chantons tous son a - vè - ne-ment. De - puis plus de quatre mille ans, Nous le promettaient les pro-phè-tes.
De-puis plus de qua - tre mille ans, Nous at - ten - dions cet
heureux temps.

Refrain

Une étable est son logement,
Un peu de paille est sa couchette.
Un étable est son logement,
Pour un dieu quel abaissement.

Partez grands rois de l'Orient,
Venez vous unir à nos fêtes.
Partez grands rois de l'Orient,
Venez adorer cet enfant.

Refrain

Oh ! Jésus oh roi tout puissant,
Tout petit enfant que vous êtes.
Oh ! Jésus oh roi tout puissant,
Régnez sur nous entièrement.

Refrain

Neige

Flocons blancs
Et blancs flocons,
La neige tourbillonne
Sur nos fronts.
Nez mouillé,
Doigts gelés,
La neige fond
Sous nos pieds.

Magdalena

Le lièvre blanc dans la neige

Un petit lièvre blanc
Aux moustaches de givre,
Devant son gîte, attend.

Dans sa fourrure de neige,
Ses deux amandes noires
Guettent le cortège.

Mais l'horizon s'éteint,
Le lièvre s'assoupit.
Le traîneau passe au loin
... sans un bruit !

Françoise Bobe

La visite des araignées

J e vais vous raconter quelque chose qui arriva à un arbre de Noël, il y a bien, bien longtemps, si longtemps, si longtemps, que j'ai oublié quand.

C'était une veille de Noël. L'arbre était déjà tout garni, avec des bougies, des bobèches brillantes, des oranges jaunes et des pommes rouges, des noix dorées et des joujoux. C'était vraiment un très bel arbre. Il était bien tranquille dans le grand salon, dont on avait fermé les portes, pour empêcher les enfants d'y entrer avant le lendemain. Mais, à part les enfants, tous les gens de la maison avaient admiré l'arbre.

Minet aussi l'avait vu, avec ses gros yeux verts ;
il avait tourné tout autour en regardant partout ;
le brave chien de garde l'avait vu, avec ses bons
yeux pleins de caresses ; le canari jaune l'avait bien
regardé de ses petits yeux noirs, avant de
s'endormir dans un coin de sa cage.

Même les petites souris grises, qui avaient si peur du chat, étaient venues donner un coup d'œil à un moment où il n'y avait personne. Mais il y avait pourtant des gens qui n'avaient pas vu l'arbre. C'étaient... les araignées !... Vous savez, les araignées vivent dans les coins ; les coins ensoleillés des greniers, et les coins sombres des caves.

Et elles avaient bien compté venir voir le beau sapin, tout comme les autres. Malheureusement, juste avant Noël, il y avait eu grand branle-bas de propreté dans la maison. Les servantes avaient couru partout, balayant, cirant, frottant, époussetant, de la cave au grenier. Le balai passait dans les coins : pok, pok, et la tête-de-loup parcourait les plafonds : top, top !

Les araignées se sauvaient de tous les côtés. Personne ne pouvait rester dans la maison avec un pareil remue-ménage. Ce qui fait qu'elles n'avaient pas pu voir l'arbre de Noël !

Les araignées aiment à savoir tout ce qui se passe, et à voir tout ce qui peut se voir ; aussi, elles se trouvèrent ennuyées. À la fin, elles se dirent : « Si nous allions auprès du petit Noël, peut-être pourrait-il arranger ça. »

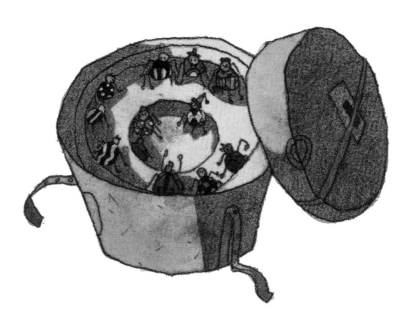

Elles allèrent donc jusqu'à l'enfant Jésus et lui
dirent :

– Cher petit Noël, tout le monde dans la maison a
vu l'arbre de Noël, et demain les enfants le verront
aussi ; mais NOUS, on ne nous laissera pas entrer
et nous ne l'aurons pas vu du tout ! Tu sais bien
que nous ne quittons pas la maison et que nous
aimons beaucoup les jolies choses, et on nous a...
nettoyées ! Nous ne pourrons pas le voir, pas
du tout !

Le petit Noël eut pitié des petites araignées, et il leur permit d'aller voir l'arbre de Noël. Le soir, quand tout le monde fut endormi, il les laissa toutes aller dans le grand salon. Les araignées descendirent des greniers, tout doux, tout doux. Elles montèrent de la cave, tout doux, tout doux... elles se glissèrent sous la porte et entrèrent dans le grand salon.

Les grosses mères araignées et les papas araignées, les grands-pères et les grands-mères, jusqu'aux toutes petites, jusqu'aux bébés araignées ! Elles coururent sur le plancher jusqu'au pied de l'arbre. Et alors, elles grimpèrent, tout doux, tout doux, le long des branches, jusqu'en haut ! Elles grimpaient et elles regardaient ! Elles étaient si contentes et trouvaient l'arbre si joli ! En haut, en bas, au bout des branches et sur le tronc, sur les joujoux, sur les bougies, tout doux, tout doux, elles passèrent !

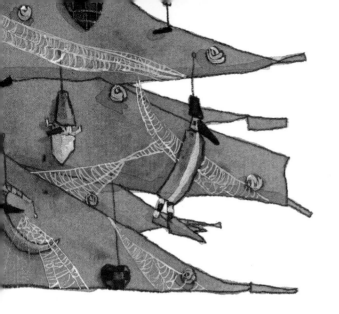

Elles restèrent là jusqu'à ce qu'elles eussent tout vu, et, alors, elles retournèrent à la cave ou au grenier, bien contentes. Et, comme la nuit de Noël était déjà très avancée, le petit Noël descendit pour bénir l'arbre et mettre les cadeaux dans la cheminée. Mais quand il arriva devant le sapin, qu'est-ce que vous pensez qu'il vit sur l'arbre ? Des toiles d'araignées ! Partout où les araignées étaient passées, elles avaient laissé leurs longs fils de soie, et elles étaient passées partout !

C'était un spectacle bien étrange que celui de ces longs fils couvrant toutes les branches !

Qu'est-ce que le petit Noël pouvait faire ? Il savait que les mamans n'aiment pas les toiles d'araignées. Oh ! mais, pas du tout ! Un arbre de Noël tout couvert de toiles d'araignées, ça n'irait jamais ! Le cher petit Noël réfléchit un instant, puis il toucha l'arbre de son petit doigt, et voici, toutes les toiles d'araignées devinrent comme en or ! Elles brillaient, elles étincelaient au travers des branches, et les longs fils dorés pendaient de partout. Et c'était si joli !

C'est depuis ce temps-là qu'on met des guirlandes d'or sur les arbres de Noël.

Sara Cone Bryant

Vive le vent !

Sur le long chemin Tout blanc de nei-ge blanche Un vieux monsieur s'avance Avec sa canne dans la main. Et tout là-haut le vent Qui
siffle dans les branches Lui souffle la ro-mance Qu'il chan-tait petit enfant

Refrain

Vive le vent Vive le vent Vive le vent d'hiver Qui s'en va Sifflant souf-
flant Dans les grands sapins verts Oh ! Vive le temps Vive le temps Vive le
temps d'hiver Boule de neige et jour de l'an Et bonne année grand-mère !

Et le vieux monsieur,

Descend vers le village,

C'est l'heure où tout est sage

Et l'on redanse au coin du feu !

Mais dans chaque maison,
Il flotte un air de fête,
Partout la table est prête
Et l'on entend la même chanson !

Refrain

Joyeux joyeux Noël
Aux mille bougies
Enchantent vers le ciel
Les cloches de la nuit ! Oh !

Refrain

Quittez, Pasteurs !

Quittez, Pasteurs, vos brebis, vos houlettes, votre hameau, et le soin du troupeau... Changez vos pleurs en une joie par-fai-ai-te, al-lez tous a-do-rer, un Dieu, un Dieu, un Dieu qui vient vous conso-ler... Un Dieu, un Dieu, un Dieu qui vient vous consoler...

Quittez, Pasteurs,

Vos brebis, vos houlettes,

Votre hameau,

Et le soin du troupeau...

Changez vos pleurs

En une joie parfaite,

Allez tous adorer

Un Dieu, un Dieu,
Un Dieu qui vient vous consoler... *(bis)*

Rois d'Orient,
L'Étoile vous éclaire...
À ce grand Roi,
Rendez hommage et foi...
L'astre brillant
Vous mène à la lumière
De ce soleil naissant...

Offrez, offrez,
Offrez-leur la myrrhe et l'encens... *(bis)*

Mon beau sapin

Mon beau sapin, roi des fo - rêts,

Que j'aime ta pa - ru - re. Quand par l'hi - ver, bois

et gué-rets Sont dé-pouil-lés de leurs attraits. Mon

beau sa - pin, roi des fo - rêts, Tu gardes ta ver-

du - re.

Toi que Noël, planta chez nous

Au saint anniversaire

Joli sapin, comme ils sont doux

Et tes bonbons et tes joujoux.

Toi que Noël, planta chez nous

Par les mains de ma mère.

Mon beau sapin, roi des forêts,
Tu gardes ta verdure.

Sur les montagnes enneigées,
Brille l'étoile du berger.

Mon beau sapin, roi des forêts,
Que j'aime ta parure.

Deux bons vieux amis

Une fois l'an, seulement,
Deux bons vieux amis
Se disent bonne nuit !

L'un a la hotte sur le dos.
L'autre a la pipe à la bouche.

L'un a bien chaud.
L'autre a bien froid.

– Il vaut mieux pour moi !
Clame le bonhomme à la pipe en bois.

Françoise Bobe

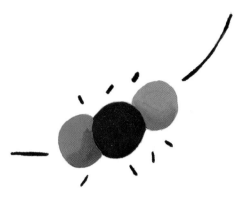

Boules de neige,

Boules magiques,

Boules brillantes,

Boules dorées,

Tourneboulent les boules

Dans le sapin décoré,

Touneboulent

Dans un cliquetis apprivoisé.

Magdalena

Un Père Noël au soleil

Papa se penche pour embrasser Maéva.

– Dis, papa, il existe le Père Noël ? demande Maéva en remontant son drap paréo.

– Bien sûr, voyons, répond papa.

– Julie m'a dit qu'il volait dans le ciel dans un traîneau conduit par des rennes, c'est vrai, hein ? interroge Maéva.

– Mais non, ce sont des histoires, le père Noël se déplace dans une pirogue tirée par des requins aux ailerons d'argent, dit papa en s'asseyant au bord du lit.

– Il ne vit donc pas dans les nuages ! s'étonne Maéva.

– Oh, non, il vit sur une île du Pacifique dix fois plus petite que Tahiti, explique papa.

– Avec des lutins qui fabriquent les jouets, ajoute Maéva.

– Non, avec des crabes de cocotiers qui sont très doués pour faire toutes sortes de choses. Mais maintenant il faut dormir, dit papa en tapotant la joue de Maéva.

– Papa, c'est bien cette nuit qu'il va venir ? demande Maéva d'une toute petite voix.

– Oui, il faut vite que tu fermes tes yeux, dit papa en éteignant la lumière.

– Papa, s'il n'y a pas de neige et si notre arbre de Noël n'est pas un sapin, tu crois qu'il viendra quand même ? questionne Maéva, très inquiète.

– Oui, chut, il faut dormir, il ne va pas tarder, répond papa en fermant la porte de la chambre.

C'est la nuit, Maéva s'est enfin endormie. Le Père Noël, quant à lui, se prépare pour sa grande tournée. Il enfile son costume short en paréo rouge et boit un grand verre de lait de coco pour être en forme.

De leur côté, les crabes râpeurs sont très affairés : les uns râpent des noix de coco, les autres emplissent le grand sac de coco râpé.

Les crabes constructeurs assemblent les dernières pièces des jeux dans les boîtes.

Les crabes emballeurs empaquettent les jouets dans de beaux papiers cadeaux imprimés de fleurs, de coraux, d'algues, de coquillages.

Et les crabes distributeurs rangent les paquets dans de grands sacs en paréo multicolores. La distribution va bientôt pouvoir commencer.

Le Père Noël souffle dans sa conque pour prévenir ses deux compagnons. Aussitôt les requins aux ailerons d'argent s'attellent à la pirogue.

Tout le monde est prêt pour le voyage. Le crabe navigateur sort sa carte maritime et la tournée démarre. Toutes les étoiles se sont donné rendez-vous dans le ciel pour éclairer son chemin.

Le Père Noël accoste à Tahiti. Il marche pieds nus pour ne pas faire de bruit. Dans chaque faré il dépose ses cadeaux au pied de l'arbre de Noël.

Avant de partir, il n'oublie pas de saupoudrer l'arbre de neige tahitienne : noix de coco râpée, et il accroche une fleur de tiaré sur la porte.

Quand Maéva se réveille au petit matin, elle se précipite dans le salon. Elle n'en croit pas ses yeux ! L'arbre de Noël est couvert de neige et entouré de cadeaux.

Sur le sol, on voit des traces de pieds laissées par du sable mouillé.

– Ça alors, dit Maéva, il ne porte même pas de bottes ! Papa avait raison, c'est un drôle de Père Noël !

Magdalena

Melchior et Balthazar

Mel - chi - or et   Bal - tha- zar   ont quitté l'A- fri - que

Mel - chi- or   et   Bal-tha-zar   ont quit-té l'A- fri- q'a - vec Gaspard.

Melchior et Balthazar
Ont quitté l'Afrique *(bis)*
Melchior et Balthazar
Ont quitté l'Afrique avec Gaspard.

Ils sont tous les trois partis,
À la belle étoile *(bis)*
Ils sont tous les trois partis,
À la belle étoile qui les conduit.

Ils sont tous les trois venus,

Et sont à l'étable *(bis)*

Ils sont tous les trois venus,

Et sont à l'étable pour voir Jésus.

Trois anges

Trois an - ges sont ve - nus ce soir m'appor-ter de bien bel-les
cho-ses. L'un d'eux a - vait un en-cen-soir, l'autr' avait un bouquet de
ro - ses, et le troisième a - vait en main une ro - be toute fleu-
de perles d'or et de jasmin comm'en a Ma-da - me Ma-
ri - e No - ël! No-ël! nous ve-nons du ciel t'apporter ce que tu dé-
ri - e.
si - res, car le bon Dieu au fond du ciel bleu est chagrin lorsque tu sou-
pi - res.

T rois anges sont venus ce soir

M'apporter de bien belles choses

L'un d'eux avait un encensoir

L'autre avait un bouquet de roses

Et le troisième avait en main

Une robe toute fleurie

De perles d'or et de jasmin

Comme en a Madame Marie.

Noël ! Noël ! nous venons du ciel

T'apporter ce que tu désires

Car le bon Dieu au fond du ciel bleu

Est chagrin lorsque tu soupires.

La marche des rois

De bon matin, j'ai rencontré le train,
de trois grands rois qui allaient en voy-ya-ge,
rois dessus le grand chemin.
Ve-naient d'a-bord des gar-des du corps, des gens armés avec trente petits pages, més dessus leur justaucorps.

De bon matin, j'ai rencontré le train
De trois grands rois qui allaient en voyage,
De bon matin, j'ai rencontré le train
De trois grands rois dessus le grand chemin.
Venaient d'abord des gardes du corps,
Des gens armés avec trente petits pages,
Venaient d'abord des gardes du corps,
Des gens armés dessus leur justaucorps.

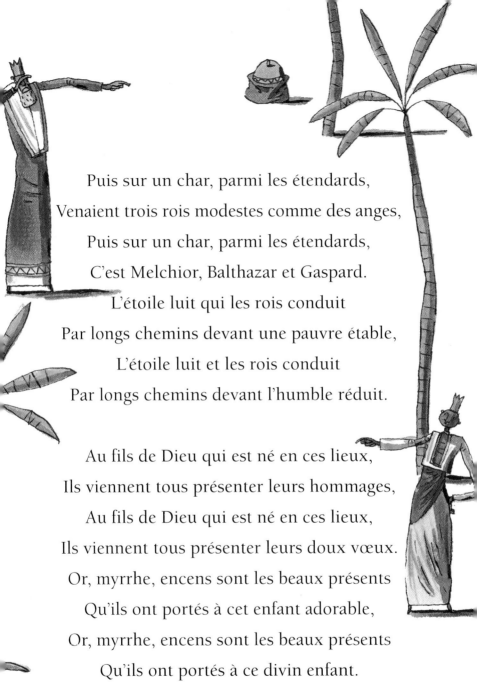

Puis sur un char, parmi les étendards,
Venaient trois rois modestes comme des anges,
Puis sur un char, parmi les étendards,
C'est Melchior, Balthazar et Gaspard.
L'étoile luit qui les rois conduit
Par longs chemins devant une pauvre étable,
L'étoile luit et les rois conduit
Par longs chemins devant l'humble réduit.

Au fils de Dieu qui est né en ces lieux,
Ils viennent tous présenter leurs hommages,
Au fils de Dieu qui est né en ces lieux,
Ils viennent tous présenter leurs doux vœux.
Or, myrrhe, encens sont les beaux présents
Qu'ils ont portés à cet enfant adorable,
Or, myrrhe, encens sont les beaux présents
Qu'ils ont portés à ce divin enfant.

Manteau rouge et blanc

Manteau rouge, manteau blanc,
Manteau rouge et blanc,
Qui se cache dedans ?

Avec ses grandes bottes,
Ses gants, sa lourde hotte,
Dites-moi ce qu'il emporte.

Il entre sans frapper,
Sans même se déchausser.
Est-il donc si pressé ?

Il dépose des cadeaux,
Des petits et des gros
Et repart aussitôt...

Ah ! le gentil bonhomme !
Il n'oublie personne.
Père Noël on le nomme...

Françoise Bobe

Deux traîneaux
se sont croisés

La nuit de Noël,

Dans le froid et le gel,

Deux traîneaux à clochettes

Se sont croisés sous ma fenêtre.

Le traîneau du Père Noël,

Chargé de cadeaux jusqu'au ciel.

Et le traîneau de la reine des neiges,

Avec ses flocons qui tourbillonnent en cortège,

Comme des petits manèges.

Mymi Doinet

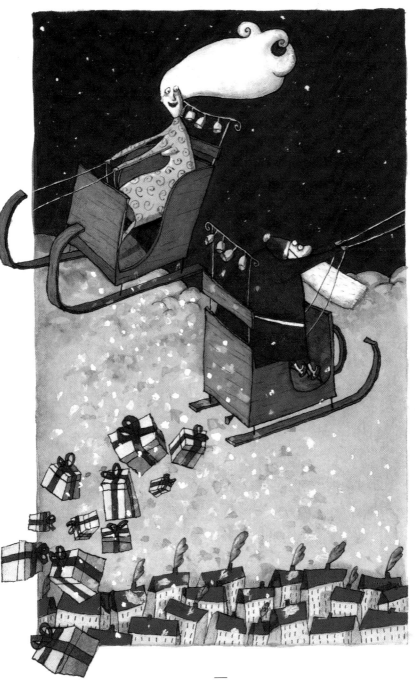

Histoire de Piccola

Petite Piccola vivait avec ses parents dans une pauvre chaumière du midi de la France. Noël était venu, et tous les enfants mettaient leurs souliers dans la cheminée. Mais la mère de Piccola secoua tristement la tête quand Piccola apporta son petit sabot, et le mit dans l'âtre où le feu s'éteignait de bonne heure, car le père de la petite fille avait été longtemps malade, et il n'y avait presque plus d'argent dans la maison.

— Ma Piccola, dit sa mère, je ne pense pas qu'il y ait quelque chose dans ton soulier, demain. Saint Nicolas ne verra pas de fumée sortir de la cheminée, et il ne descendra pas, croyant qu'il n'y a personne. Si seulement ton père pouvait trouver une bonne place ! Nous sommes si pauvres !

Mais Piccola mit tout de même son petit sabot dans la cheminée, en pensant :

– J'ai été sage tout le temps, et saint Nicolas est un grand saint ; il n'a pas besoin de voir de la fumée pour savoir que je demeure ici, et il peut aussi faire trouver une bonne place à papa.

Elle arrangea bien le petit sabot et alla se coucher, et, dès qu'elle ouvrit les yeux, le lendemain, elle se glissa doucement hors de son lit, pour ne pas réveiller ses parents. Vite, vite, à petits pas, elle courut à la cheminée et regarda son sabot.

Et dans le sabot, aussi vrai que je vous le dis, il y avait un pauvre petit moineau, tout apeuré, blotti tout au fond !

Piccola poussa un cri aigu de joie qui réveilla son père et sa mère.

– Voyez ! voyez ! leur cria-t-elle, voyez ce que saint Nicolas m'a apporté.

Comment le petit moineau était-il venu là ? Je n'en sais rien, mais ce que je sais, c'est qu'il s'apprivoisa bien vite et devint le fidèle petit compagnon de Piccola. Et peut-être bien que saint Nicolas était passé par-là, car, bientôt, le père de Piccola trouva une bonne place, et la joie revint dans la maison.

Sara Cone Bryant

La légende de saint Nicolas

Ils é-taient trois pe-tits en - fants, qui s'en allaient glaner aux champs. Ils sont al-lés et tant ve - nus, que sur le soir se sont per— dus. Ils sont al - lés chez le bou-cher: – Boucher, voudrais-tu nous lo-ger?

Ils étaient trois petits enfants

Qui s'en allaient glaner aux champs.

Ils sont allés et tant venus

Que sur le soir se sont perdus.

Ils sont allés chez le boucher :

– Boucher, voudrais-tu nous loger ?

– Entrez, entrez, petits enfants,

Y'a de la place assurément.

Ils n'étaient pas sitôt entrés

Que le boucher les a tués,

Les a coupés en petits morceaux

Et puis salés dans un tonneau.

Saint Nicolas au bout de sept ans
Vint à passer dedans ce champ,
Alla frapper chez le boucher :
– Boucher, voudrais-tu me loger ?
– Entrez, entrez, saint Nicolas,
Y'a de la place, il n'en manque pas.

Il n'était pas sitôt entré
Qu'il a demandé à souper.
On lui apporte du jambon.
Il n'en veut pas, il n'est pas bon.
On lui apporte du rôti.
Il n'en veut pas, il n'est pas cuit.

– Du petit salé, je veux avoir

Qu'il y a sept ans qu'est au saloir.

Quand le boucher entendit ça,

Bien vivement il se sauva.

– Petits enfants qui dormez là,

Je suis le grand saint Nicolas.

Le grand saint étendit trois doigts,

Les trois enfants ressuscita.

Le premier dit : « J'ai bien dormi. »

Le second dit : « Et moi aussi. »

A ajouté le plus petit :

« Je croyais être au Paradis. »

D'où viens-tu, bergère?

– **D**'où viens-tu, bergère,
D'où viens-tu?...
– Je viens de l'étable,
de m'y promener...
J'ai vu un miracle,
Ce soir, arriver... *(bis)*

– Qu'as-tu vu, bergère,
Qu'as-tu vu?
– J'ai vu la crèche,
Un petit enfant,
Sur la paille fraîche,
Et tout rayonnant... *(bis)*

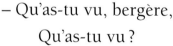

– Qu'as-tu vu, bergère,
Qu'as-tu vu?
– Un bœuf et un âne
Étaient par-devant,
Avec leur haleine
Réchauffaient l'enfant... *(bis)*

– Rien de plus, bergère,
Rien de plus ?
– Et puis j'ai vu Pierre,
Qui, tout en jouant
Avec sa musette,
Endormait l'enfant... *(bis)*

– Qu'as-tu vu, bergère,
Qu'as-tu vu ?
– Il y avait des anges
Descendus du ciel
Chantant les louanges
Du Père Éternel... *(bis)*

Guillau, prends
ton tambourin !

Guillau, prends ton tambou-rin! Comme ta flû - te, Ro—
bin! Au son de ces instruments, Ti-re - lu - re - lure, pa-ta - pa-ta—
pan... Au son de ces ins-tru-ments, je dirai No - ël gaie-ment...

Guillau, prends ton tambourin !

Comme ta flûte, Robin !

Au son de ces instruments,

Tirelurelure, patapatapan...

Au son de ces instruments,

Je dirai Noël gaiement...

C'était la mode autrefois

De louer le Roi des Rois...

Au son de ces instruments,

Tirelurelure, patapatapan...

Au son de ces instruments,

Il nous faut en faire autant...

L'homme et Dieu sont plus d'accord

Que la flûte et le tambour...

Au son de ces instruments,

Tirelurelure, patapatapan...

Au son de ces instruments,

Chantons, dansons, sautons-en...

Le traîneau du Père Noël

Le traîneau ding - ding -ding du Père Noël Très bien - tôt ding - ding -ding
vien - dra du ciel. Dans sa gran-de hot - te
qu'il a sur le dos - Père No - ël a - ppor-
te des tas de ca - deaux.

Cœur battant, joues roses, près de la cheminée
Les enfants déposent leurs petits souliers.

Refrain

Derrière un nuage, caché il attend
Que les enfants sages dorment tous vraiment.

Refrain

Comme dans un rêve, il vient et s'en va
Quand la nuit s'achève il est loin déjà.

Le traîneau ding ding ding du Père Noël,
Tout là-haut ding ding ding va dans le ciel.

Dans la hotte du Père Noël

Dans la hotte du Père Noël,
Il y a un ourson à bretelles,
Pour Annabelle,
Deux châteaux forts,
Pour Victor,
Trois marionnettes à fils,
Pour Cécile,
Et quatre masques de dragons futés,
Pour Timothée.
Et puis dans la hotte du Père Noël,
Il y a aussi cinq boîtes de caramels,
Pour qui donc, je me le demande ?
Pour la mère Noël, cette gourmande !

Mymi Doinet

Le Père Noël est amoureux

Cette année, lorsque le petit facteur du ciel arrive chez le Père Noël, il ne le trouve pas très en forme… Il a le regard plutôt morne, de grands cernes sous les yeux et n'a vraiment pas l'air joyeux !

Le petit facteur, très inquiet, revient quelques jours après. Le Père Noël est toujours fatigué. Il n'a même pas lu son courrier et refuse de se lever.

– Que se passe-t-il ? demande le petit facteur, voulez-vous que j'appelle un docteur ?

Le Père Noël se met à pleurer :

– Pas besoin de vous déranger ! J'ai juste une peine de cœur…

Alors, le petit facteur s'assoit à son chevet pour
l'écouter raconter ce qui lui est arrivé.

Un jour qu'il se promenait en traîneau tout
là-haut, là-haut, là où il fait toujours beau,
le père Noël a rencontré une jolie fée
inconnue qui lui a aussitôt plu.
Mais quand il lui a demandé :
« Voulez-vous m'épouser ? »,
elle lui a ri au nez !

– Vous me voyez en Mère Noël ! Je préfère me balader dans le ciel ! Je suis la fée du voyage et je vais de nuage en nuage…

Et pfffttt… elle a disparu ! Le Père Noël ne l'a jamais revue.

Depuis, il est tout chagrin et n'a vraiment plus goût à rien. Il n'a même pas fabriqué les jouets qu'on lui a commandés. Les enfants seront déçus. Cela ne s'est jamais vu !

Le Père Noël est amoureux

Alors, le petit facteur remonte sur son vélomoteur. Il fonce dans l'atmosphère pour aller trouver Dent-de-fer la sorcière. Il lui demande une potion magique pour Père Noël mélancolique. Dent-de-fer lui en donne un flacon et le petit facteur repart en sifflotant une chanson.

Quand le Père Noël a bu le sirop, il se sent soudain rigolo. Il se met à danser comme un fou en se claquant les genoux. Il n'a plus le cœur à pleurer, ni la tête à travailler. Il ne pense qu'à s'amuser ! Le petit facteur est découragé car le Père Noël n'a toujours pas préparé sa tournée…

Alors, le petit facteur remonte sur son vélomoteur. Il est plutôt en colère en fonçant dans l'atmosphère à la recherche de la jolie fée qui a ainsi envoûté le Père Noël déboussolé. Soudain, sur une plage de nuages, il aperçoit une fée en train de se faire bronzer.

– C'est vous qui avez rencontré le Père Noël l'autre matin et qui le faites devenir zinzin ?

– Je ne l'ai pas fait exprès ! proteste la petite fée. Mais pour me faire pardonner, je vais essayer de vous aider…

D'un coup de baguette magique, elle fait apparaître des jouets magnifiques qu'elle accroche à la queue leu leu au vélomoteur du pauvre petit facteur. Elle lui donne aussi une lettre à remettre au Père Noël.

Lorsque le petit facteur revient chez le Père Noël, celui-ci s'est un peu calmé. Il commence même à s'inquiéter de n'avoir rien préparé pour sa distribution de jouets. Quand il voit ceux que le petit facteur a apportés, il ne peut en croire ses yeux et il redevient joyeux.

Puis il lit d'une voix émue la lettre de la fée inconnue :

« *Cher Père Noël,*

Je suis tout à fait désolée de vous avoir fait pleurer. Il ne faut pas avoir de la peine car tous les enfants vous aiment. Vous êtes merveilleux mais je préfère me balader encore un peu. Je pars au bout de l'univers pour cueillir des primevères. Pour nous, le temps, ce n'est rien. Plus tard, je vous accorderai peut-être ma main…

Signé : La petite fée qui vous a rendu zinzin. »

Et le Père Noël, tout content, est enfin parti dans le vent faire son métier, comme avant, pour la joie de tous les enfants.

Claude Clément

Ave Maria

Mon fils consolez ma misère.

Il souffre, hélas, il est mourant.

Comprends, et pleure, toi qui fus mère,

Rends-moi, rends-moi mon pauvre enfant.

Ave Maria

Ave Maria

Quel bonheur

L'enfant renaît à sa prière,

Ainsi qu'une brillante fleur.

Doux bienfait, touchante beauté, ce mystère.

Regarde-moi, pour que j'espère,

Mon fils, ton front est souriant.

Merci merci divine mère,

C'est toi qui sauves mon enfant.

Ave Maria

Noël

C'est le jour de la Noël que l'enfant est né

Il est né dedans un coin, dessus la paille

Il est né dedans un coin, dessus le foin.

Un berger de son chapeau lui fit un berceau

Il coucha l'enfant si doux dedans ses langes

Il coucha l'enfant si doux sur ses genoux.

Le bœuf roux et l'âne gris veillaient le petit

Ils soufflaient bien doucement sur son visage

Ils soufflaient bien doucement dessus l'enfant.

Les sapins
en capuchon blanc

Au bord du chemin,
Les sapins en capuchon blanc
Se serrent face au vent.

Au bord du chemin,
Les sapins en capuchon blanc
Attendent en rêvant.

Soudain, le chemin
S'anime de rennes galopant,
Devant le traîneau d'argent.

Alors, au bord du chemin
Les sapins en capuchon blanc
S'inclinent doucement.

Et le vieil homme en passant
Leur adresse un signe de la main.

Françoise Bobe

Minuit chrétien

Minuit Chrétien! C'est l'heure so - len - nel - le Où l'homme Dieu des-cen-dit jusqu'à nous, Pour ef-fa - cer la tache origi - nel-le Et de son Père ar-rê - ter le courroux. Le monde en - tier tressaille d'espérance À cette nuit qui lui don - ne un Sauveur.

Peuple à genoux !

Entends ta délivrance !

Noël ! Noël !

Voici le Rédempteur !

Noël ! Noël !

Voici le Rédempteur !

Le Rédempteur a brisé toute entrave ;
La Terre est libre et le ciel est ouvert.
Il voit un frère où n'était qu'un esclave
L'amour unit ceux qu'enchaînait le fer.
Tu lui diras notre reconnaissance
C'est pour nous tous qu'il naît et souffre et meurt.

Peuple debout !
Chante ta délivrance !
Noël ! Noël !
Voici le Rédempteur !
Noël ! Noël !
Voici le Rédempteur !

Krakonosh et la petite marchande de tissu

Depuis la nuit des temps et aujourd'hui encore, le mystérieux Krakonosh règne sur le Mont des Géants.

C'est un vieux magicien très grand et très puissant. Il porte une barbe blanche si longue qu'elle s'emmêle parfois à sa ceinture et un bâton si haut que viennent souvent s'y percher les oiseaux.

Les gens de la région ne l'ont jamais vu mais ils disent qu'ils entendent parfois, dehors, ses genoux craquer : « Krak... Krak... »

Autrefois, dans un chalet de ces montagnes, vivaient Milena et sa grand-mère. La vieille femme filait la laine de ses moutons. Et la petite fille en faisait des carrés de tissu coloré qu'elle allait vendre au marché, avant les fêtes de Noël, dans un village de la vallée.

Cette année-là, la neige tomba en abondance. Elle était si blanche que Milena et sa grand-mère ne purent résister au plaisir d'aller s'y amuser. Elles jouèrent si longtemps avec leur luge sur les pentes enneigées qu'elles en oublièrent leur travail. Les jours passèrent....

Quand Noël arriva, Milena se dépêcha d'aller vendre le peu qu'elle avait tissé, mais elle parvint si tard au marché que les villageois s'en allaient déjà avec leurs cadeaux dans les bras. Ils avaient acheté des dindes et des jouets de bois, des galettes et de grands cœurs de pain d'épice.

Milena leur cria :

– Voyez mes carrés de tissu ! Achetez-les-moi !

Mais les gens lui répondirent :

– Ils sont bien jolis mais ils sont trop petits ! Et puis, nous avons déjà dépensé tout notre argent...

Alors, Milena retourna vers son chalet tristement.

En chemin, un vent violent se mit à souffler, la neige se remit à tomber et il se mit à faire très froid.

Milena entendit : « Krak... Krak... »

Et, soudain, une haute silhouette apparut dans la tempête.

Un homme très vieux et très grand se dressa devant elle. Il portait une barbe blanche si longue qu'elle s'emmêlait à sa ceinture et un bâton si haut que les oiseaux effrayés par le vent venaient s'y accrocher.

Il demanda à la fillette qui ne l'avait pas reconnu :

– Que fais-tu là ?

– Je rentre chez moi car ma grand-mère m'attend, répondit Milena.

– Tu as bien de la chance ! dit encore le vieillard. Moi, je n'ai personne avec qui passer Noël.

Alors, Milena s'écria :

– Venez donc avec moi ! Nous serons bien tous les trois… Nous ferons un grand feu de bois et, au moins, nous n'aurons pas froid !

Quand ils arrivèrent à la maison, Milena expliqua à sa grand-mère ce qui s'était passé au village. La vieille femme soupira et dit en souriant :

– Tant pis ! Nous filons et nous tissons depuis tant d'années sans jamais nous arrêter… Pour une fois, nous nous sommes bien amusées ! À présent, nous devrons nous contenter de petits bouts de saucisson, de quelques morceaux de pain et de biscuits secs.

Pleine d'entrain, elle étendit les tissus colorés sur la table et invita l'étranger à venir partager leur repas.

Milena fit un grand feu de bois, puis elle alla chercher le saucisson...

En prenant le plat, elle poussa un cri de joie : les petits bouts de saucisson venaient de se transformer, sous ses yeux, en un dindonneau délicieux.

Soudain, les morceaux de pain se transformèrent en galettes de sarrasin. Enfin, les biscuits secs prirent la forme de tendres cœurs de pain d'épice... Très étonnées, Milena et sa grand-mère se tournèrent vers leur invité. Mais celui-ci était sorti.

Il coupait dans le jardin une branche de sapin. Sa longue barbe s'emmêlait à sa ceinture, son haut bâton se dressait vers le ciel étoilé et ses genoux faisaient : « Krak... Krak. »

Alors, la grand-mère s'écria :

– C'est Krakonosh ! Qu'ai-je donc dans ma vieille caboche pour ne pas l'avoir reconnu ?

Quand le magicien rentra dans la maison, il déposa sur un banc la branche de sapin qui se mit à grandir... et à grandir encore... au point de devenir un arbre de Noël plein de petites pommes d'or et de jouets de toutes sortes.

– Merci, Krakonosh ! s'écria Milena.

Mais le vieil homme lui répondit :

– C'est moi qui vous remercie de m'avoir invité ici !

Cette nuit-là, dans le petit chalet de bois, ils firent tous les trois la plus joyeuse et la plus belle veillée de Noël qu'on ait jamais vue dans ce pays-là, tandis que dans la cheminée dansait un véritable feu de joie.

Claude Clément

Les anges
dans nos campagnes

Les an - ges   dans   nos   campagnes   Ont entonné l'hy-

mne   des cieux   Et   l'écho de -   nos   mon - ta - gnes

Re - dit ce chant mé - lo - di - eux   Glo - - -

Refrain

- - - - - - o - ri - a

in   ex - cel - sis   De - o

Bergers quittez vos retraites,
Unissez-vous à leur concert
Et que vos tendres musettes
Fassent retentir les airs.

Refrain

Les anges dans nos campagnes,
Chantent encore, chantent toujours
Et l'écho de nos montagnes
Renvoie ce doux chant d'amour.

Refrain

Noël

Le ciel est noir, la terre est blanche ;
- Cloches, carillonnez gaiement ! -
Jésus est né ; - la Vierge penche
Sur lui son visage charmant.

Pas de courtines festonnées
Pour préserver l'enfant du froid ;
Rien que des toiles d'araignées
Qui pendent des poutres du toit.

Il tremble sur la paille fraîche,
Ce cher petit enfant Jésus,
Et pour l'échauffer dans sa crèche
L'âne et le bœuf soufflent dessus.

La neige au chaume coud ses franges,
Mais sur le toit s'ouvre le ciel
Et tout en blanc, le chœur des anges
Chante aux bergers : « Noël ! Noël ! »

Théophile Gautier

TABLE DES CONTES, COMPTINES ET CHANSONS